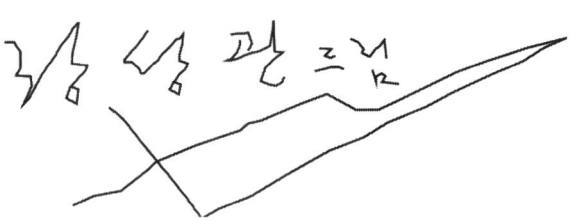

상심한 말들의 귀로

시산맥 시혼시인선 036

상심한 말들의 귀로

시산맥 시혼 036

초판 1쇄 발행 | 2023년 10월 10일

지은이 장상관
펴낸이 문정영
펴낸곳 시산맥사
편집주간 김필영
편집위원 신정민 최연수
등록번호 제300-2013-12호
등록일자 2009년 4월 15일
주소 03131 서울특별시 종로구 율곡로 6길 36. 월드오피스텔 1102호
전화 02-764-8722, 010-8894-8722
전자우편 poemmtss@naver.com
시산맥카페 http://cafe.daum.net/poemmtss

ISBN 979-11-6243-406-2 03810

값 10,000원

* 이 책은 전부 또는 일부 내용을 재사용하려면 반드시 저작권자와 시산맥사의 동의를 받아야 합니다.
* 이 책은 교보문고와 연계하여 전자북으로 발간되었습니다.
* 본문 페이지에서 한 연이 첫 번째 행에서 시작될 때에는 〈 표기를 합니다.
* 저자의 의도에 따라 작품의 보조 동사와 합성 명사는 띄어쓰기가 달라질 수 있습니다.

상심한 말들의 귀로

장상관 시집

| 시인의 말 |

발등이 찍혀도 참고 견뎠다
그러나 글썽이는 눈물은
어찌할 수 없었다
알코올을 들이붓고 식힌 화기가
혈압으로 치솟은 지금
더더욱 어찌할 방도가 없어
보루네오섬에서 섬이 되어 다스린다
시어를 만지작거리며

2023년 가을
장상관

■ 차 례

1부

부패 효과	19
어떤 씨	20
간절한 너무나 간절한	22
모래시계	24
붉나무	26
겨울 음반	28
철탑은 안다	29
영천 아작골 어느 노인의 넋두리	30
그리운 꾸지람	31
목발	32
자백	34
마찰 계수	36
오렌지	38
기술자	40
자해	42

2부

노루궁뎅이 버섯	45
관계에 대한 묵상	46
비상구	48
세상에 기타가	50
꿈을 맛있게 먹는 새우잠	52
입양	54
봄비 뿌리며	55
미필적 고의	56
비의 침술	58
옥상에는 뭉게구름	59
너덜경	60
빈집	61
샴	62
오마주	64
이별의 방식	66

3부

틈새	69
상심한 말들의 귀로	70
침	72
죽겠네	74
미완성 원고	76
가방 혹은 나방과 다방	78
벌 받기	79
그리운 대패	80
홍콩 간 벽화가	82
바람 없는 부채	84
콩 시루	85
구공탄	86
일곱 왕관을 쓴 짐승의 유목	88
밤늦은 귀가를 연출할 때	90
울화	92

4부

틈	95
몸부림이다	96
통증	98
뿌리	99
암 암 암 백혈구	100
횡단보도에서	102
스미다	104
나무의 기억	105
돌층계에 대한 예의	106
다육이	108
기억의 기하학	110
올가미	111
통도사	112
아파트 불상	113
자미원	114
■ 해설	윤의섭(시인)	117

1부

부패 효과

입 다문 조개를 벌려보면
썩어 악취가 났다
제 속이 구린 조개는 부끄러워
꽉 다물 줄 안다
다시는 썩지 않겠다고
다짐했음을 알겠다

인간은 썩을수록 변명도 추악하다

부패는 절규다

어떤 씨

씨붐이지 마라
이 말을 듣는 순간 울컥 치솟는 열불의 징후는
튕겨 흩어지는 씨알이 참담하다는 자학이다
자갈을 골라내고 기름지게 갈고 싶은 마음 밭이
내 호의를 거부한 모멸감이다
삽날을 휘둘러 닥치는 대로 갈아엎어 버리고 싶겠지만
잠시 물러앉아 떨어진 씨알을 주워보자
금 간 마음 단단히 다잡는 약초는 이 말씨가 뻗어 내리는 실뿌리다
화는 실뿌리를 말려버리는 극독이지만
알맞은 법제를 찾아 성심껏 연단하면 영약이 된다

농부는
밭을 함부로 갈지 않는다
가슴이 갈라 터지는 보복이 반드시 도래하기 때문이다
씨붐인다는 말은 씨를 뿌린다는 말
가만히 생각해보면 얼마나 좋은 말인가
아무리 좋은 씨앗도
밭이 거부하면 열매 맺지 못하고 썩는다

갈아보자 쟁기가 으스러지도록
밭도 슬그머니 마음을 열어 씨앗을 품는다

간절한 너무나 간절한

이십 대는 무참히 지나갔다
날이 새고도 집을 잊고 떠돌았다
어쩌다 새벽에 들어서면
형광등은 그때까지 창백하게 빛을 뿌리고 있었다
잠든 아버지 이마에 꿈틀대던 파흔은
내가 쳐댔던 풍랑에 대책 없이 찍힌 흔적이었다
마음속에 수없이 일었을 폭풍 잠재우며
아끼던 전기를 펑펑 폭설처럼 쓰며 기다리던
탄식이 간절함인 줄 그때는 몰랐다
밤늦게 골목에 서성대던 어머니 발자국이
얼마나 어지러웠을지를 가늠 못했다
등대가 되어 난바다를 쉬지 않고 비출 때
나는 내 항해술이 뛰어난 줄만 알았다
머리맡에 펼쳐놓은 성경을 외면하며
송곳니를 드러내고 야성을 휘둘렀다 나는
어둠 속에서 품었던 희망이 흉측스러웠어도 뻔뻔했다
빛이 세세히 지목하고 나서야 모두가
욕심으로 빚어진 흉물이었음을 알고 경악했다
이제는 가슴이 탄다 아직 얼마나 더 타야

길 아닌 길에서 헤매는 배들을 인도할 수 있을까
아버지 어머니의 간절함을 따를 수 있을까
이제 막 싹트기 시작한 회한에 채찍을 후려치는 나는
한때 짐승이었다

모래시계

몽환과 은밀히 내통한 증상은 분열이었다
진압이 거세질수록 논쟁도 거칠어졌다
대오는 부서지고 끈질긴 바람과 사투하던 담벼락
힘없이 무너져도 아무런 발명이 없었다
팻말을 앞세워 전쟁을 치르는 동안 봄은 봄대로
병들어 갔다 가슴은 보랏빛 억새
바람에 날개를 구걸하는 밤마다 악몽이 물어뜯었다
울었다 지붕이 방이 세간이
합동으로 앓았다 말랐다 서서히 뼈까지
알갱이가 되어 흩어졌다
초경에 놀란 아이는 알갱이 한 알을 품고 궁리 끝에
진주를 만들었다 우리 아빠야 보여주며
자랑하다 사이버에 홀려 골방에서 나오는 방법을
잊었다
골목에서 알뿌리로 연명하는 가난은
어느 시절에나 봄이 되어도 꽃 한번 피우지 못했다
새벽 유리창이 흘린 식은땀을 닦아주고
희망봉 정상에서 외로이 깜박이는 등대를 위로하면
저건 구조신호야 진지하게 가르치던 친척 형

정치물을 잘못 먹고 약간 간이 부어 떠돌아다녔다
시간이 죽치는 변두리 여기 사막의 궁륭

붉나무

너는 스스로 불덩이가 되었는데
타오르는 몸에 초점을 맞추는 아귀 같은 조리개들
불면에 뒹굴며 부수고 으깨다 보면
고비에 매달린 네가 필사적으로 움켜쥔 흙이
시든 뿌리 사이로 조금씩 떨어졌다
전신화상의 통증처럼 울어대는 창밖은
몰아치는 눈발에 속수무책이어도
한 방울씩 묵묵히 투신하는 링거액만은 끝끝내
시들어가는 의지에 닿기를 빌었다
절규와 기도로 네 이름 걸린 침상 옆에서
안전모와 함께 기적을 더듬었다
암울한 법치를 깨치고자 불타올랐던 몸뚱이
눈 부릅뜨고 기필코 일어나야 해
너는 몸 사르고 우리는 몸 사린다만
가슴 끓여준 불씨만큼은 꺼트리지 않겠다고
밀물지는 눈들은 석양빛을 감추었다
황톳빛 설편을 칭칭 감고 힘겹게 뒤척이며
흐린 창마다 오래 켜 두었던 등불
마지막 심지까지 태우다 푸르르 떨었다

껄껄껄 두드리는 의사봉이 신호였다
혹한이 몰려오고 언 강이 컹컹 울었다

겨울 음반

거대한 스피커가 쏟아내는 음표들
쉼 없이 물 위에 내려앉아
가만가만 동심원을 그리고 있었다
온몸에 새겨 넣고 일렁이는 강
가지마다 받쳐 들고 숙연한 나무들
서터 눌러 담으면서도 몰랐다
어떤 악기도 흉내 낼 수 없는 음률을
조용히 새겨듣던 자태의 아우라
천천만만 스피커 내걸고 봄 알리던 향기가
저 음악에서 비롯되었구나
이불에 한기를 돌돌 말고 소스라친다
얼음 찢으며 쩡쩡 앓는 강
지난봄 무심코 지나쳤던 뿌리를 걱정하고 있었구나
언 강 이마 짚는 겨울새 울음이
청아하게 퍼지는 강변 산장
턴테이블이 된 천장에 몸을 싣고
몸서리치는 질책을 편곡한다
함부로 찍었던 숨표가 귓바퀴를 맴돌고
혓바늘이 재생하는 끝 모를 통증 속
화음에 덮여 화엄에 잠긴다

철탑은 안다

이백일 째 내 품에 깃든 전사들아
희망 사항을 전기처럼
배달하지 못해 나도 속상하다
기자들이 기사로 다루지 않아 더 속상하다
어두운 곳 잘 밝혀주지만
마음까지 밝혀주지 못해 미안하다
공장 부속품에 불과했던 몸아
얼마나 믿을 품이 없었으면 내게 기대어 왔겠나
한번 자리 잡았다 하면
한 세기가 지나도록 퇴출 없는 자리
빛을 배달하는 자부심만큼
능선에 우뚝 선 위용이 부러웠겠지
그러나 나는 부끄러웠다
검은돈을 숨겨놓은 창고
밀실에서 회유하는 은밀한 거래
다 보면서도 아무 말 못 하는 비애
이제 그만두고 싶다만 그러지 못해 미안하다
계절이 바뀌고 정권이 바뀌어도
아슬아슬 줄타기만 하는 저
의사당을 환하게 비춰줘서 미안하다

영천 아작골 어느 노인의 넋두리

밤이면 투째비불이 번쩍였단다
골짜기를 메운 주검들이 제련한 인광
서러움이 뭉쳐 공중에 떠돌았단다
배고프다 외쳤는데 빨갱이라니
1946년 10월은 그랬단다 이유 없이
멱살 잡혀 끌려가 뭇매를 맞고
죽창과 총칼 앞에서 벌벌 떨었단다
일본도를 차고 일본인이 되고자
독립군 때려잡고 처녀 공출까지 서슴없던 순사
해방되고 경찰로 변신하더니
여전히 배고픈 민중의 배를 찼단다
악귀가 되어 날뛰고 도끼눈을 치뜨고
온 동네를 공포로 통치했단다
그래도 그 아들딸들은 유학 갔다 오고
고대광실에서 잘 먹고 잘살고
국립묘지에 조상 참배하러 간단다
독립군 아버지는 아무도 거들떠보지 않고
내팽개쳐진 이국에서 똥지게를 졌단다
홍범도 장군도 이제서야 돌아왔는데
무명인 아버지는 언제 돌아올지 기약 없단다

그리운 꾸지람

황은 폐지 더미에 기대어 옛날로 간다
야반도주하기 전으로 간다
허황한 꿈을 때려잡던 몽둥이
호통치던 목소리 찾아간다
마침내 말짱 도루묵이여 중얼거린다
우리도 말짱 황이여 황
맞받아치면 벌떡 몸을 일으킨다
에라 이 싸가지 없는 놈들
어른 알기를 개똥으로 아는구나
일장 훈계가 또 시작된다
옛날이 수시로 찾아오면 할애비가 됐다는 신호여
할애비가 뭐냐
애비를 꾸짖는 애비다 이 말이여
할은 꾸짖는다는 뜻이고
또한 남은 분량을 뜻한다 이거여

그렇다
어른을 꾸짖는 더 큰 어른이 없는 오늘
말짱 황이 더없이 높아 보인다

목발

버스가 신호등을 올려다보고 초조해지는 동안
목발 짚고 가던 젊은이가 엎어진다
구겨진 얼굴에서 망측한 문장이 돋아나고
목발을 냅다 집어던진다
그래 때로는 다 던져버린 용단이 재기를 불렀었지
목발은 나무 발
남의 발은 감수해야 할 묵시도 서러운 법

폭설에 견디던 강단으로 참고 참다 목발은
젊은 육신을 던져버리고 한순간 홀가분해졌다
별안간 끓어 넘치는 화를 억누르지 못하고
다시 기대어야 할 필요 불가결을 한순간 망각한 덕이다

극한을 넘으려 버티다 주저앉은 바닥
한두 번 쳐보지 않은 사람이 어디 있겠는가
기어가서 다시 겨드랑이에 끼고
가던 길을 짚는다
순한 양이 되어 목자에 이끌려 간다
〈

저렇게 가는 거다 냉수 한 사발로
다들 저런 속내를 구겨 넣지
바람에 날려가던 비닐봉지가 나뭇가지에 걸려
파르르 떤다 심드렁한 표정으로
스쿠터가 킬킬 킬 반복해서 시동을 건다

자백

선녀와 나무꾼에 호프 하러 갔다
상사의 갑질에 기가 막혀 좌절하던 기운
등 두드리기 위해 한 잔 들이켰다
둘러앉은 선녀들은 먹구름이 튀겨놓은 때를 벗기고
나무꾼들은 열심히 도끼질한다
부조리한 둥치 불공평한 처우의 뿌리를 팬다
취기가 치기로 변하는 부류와
울분이 울울창창하게 동화되는 호프집 기류를 타고
여울진 마음들 심중을 헤아려본다
나무꾼은
또 다른 사슴 만나려는 은밀한 희망을 꼬불치고
선녀는
날개옷 찾으려 족쇄를 끌며 울음 터뜨린다
흐느낌이 눈시울을 뜨겁게 끓인다
언제나 그랬듯 가슴속 잠자던
바다가 주체 못 할 폭풍에 뒤집히기 시작했다
주위가 부유하고 말소리가 아득할 때
나도 그랬었지 하는 자괴감이 파도친다
날개옷 몰래 감춘 나 역시 나무꾼

얼마나 많은 날개옷을 감추고 모른 체했나
은빛 도끼날 휘두르며
얼마나 많은 선녀를 암흑 속으로 밀었나
거품이 사그라진 호프
용기 삼아 마시며 속죄를 다짐한다
나무꾼도 미투

마찰 계수

지름길이 아닌데 질러가는 성취감에 젖어
에두르는 길 무시했다
발 더듬어 흙더미를 넘는 찰나
어처구니없이 미끄러졌다
엉덩이 손목이 저려 또 당하나 봐라 다짐했지만
다음날 같은 장소에서
똑같이 당했다
바닥이 등짝을 후려칠 때까지 미끄러졌다
이걸 오기라 해야 하나
호기라 해야 하나 쪼잔한 심성이 내내
시장통 안전화 밑창만 탓하다
손에 촘촘히 박힌 작은 돌을 보고
아차구나 깨닫는다
동글동글 박혀서 아직 도는 것 같다
돌 구슬이 마찰을 홀려
제 능력껏 나를 미끄러뜨렸다
실패 때마다 불쑥 솟던 오기를 누르고
마찰을 잘 구슬려야만 하는 비탈
미끄러질 때는 미끄럼을 타는 슬기도 필요했다

마찰이 붙들어 줄 때까지
허리 굽히고 무게중심 잘 잡다 보면
요령을 터득해 비로소
비탈이 비탈답게 보이기 시작했다

오렌지
─코스타리카 한 열대우림이 난개발로 황무지가 됐을 때
두 과학자가 오렌지 껍질로 땅을 덮어주었다

난개발이 죽였던 열대우림이 되살아났다
그것도 사람이 아니라 오렌지가
오랜 지혜가 담긴
몇만 톤의 껍데기가 16여 년 만에 기적을 만들었다

사람 손으로는 자연을 빚지도 못하지만
자연을 살리는 일은 더욱 엄두조차 못 낼 일
어떤 노동이 민둥산에 열대우림과 새를 불러들이겠는가
오랜 노고와 수만 년간 물려받은 숲속 유전자만이 가능
하다

삽이나 곡괭이보다 부드럽고 강력한 친화력으로
화마에 놀란 흙 달래는 기술을 부렸겠다
쓸모없는 껍데기가 무량한 기적을 만들 줄이야
자연 속 물성은 저렇듯 버릴 구석이 없다

알맹이 다 내주고 쭈그러진 몸들이 산으로 들어가는 계절
최저 임금이라도 좋다며 걸음마다 춤사위가 핀다

주름진 손이 흙살을 주무르고 화상을 지우기 시작한 초봄
인간 부주의가 불태운 산이 저 기적처럼 부활하겠다

기술자

말은 필요 이상 꺼내지 않는다
기계 속으로 들어가 결함을 찾아낸다
귀는 족집게 청진기
재빠른 수리가 중단 없는 노동으로 귀결된다는 철칙 아래
닦고 조이고 기름 치는 일은 기계와 논하는 협상

며칠 전부터 가끔 신음하던 발동기
속울음 웅얼거리다
급기야 제 몸 떨며 오열하고 있을 때
그가 듣더니 금세 달래 버렸다

속사정 잘 드러내지 않는 녀석도 할 말은 한다
뭔지 알아들을 때까지 기울이는 관심은 비용 절감 비법이다
앓는 소리 잘 들어줘야 파업을 안 한다
연장을 챙기며 귀띔해준 말이 노동법보다 백배 낫다

왜 그런지 모른다면

알 때까지 곁을 지키려는 의식부터 정비해야 한다
눈 귀 손이 읽고
기꺼이 아픈 기미를 헤아릴 때까지

노랫소리와 신음을 구분해서 다독여주는
기술자는 일류를 경계로 삼는다
일류는 넘친다는 뜻 넘치면 무너진다는 진리를 안다
기계는 신난다 아프다는 두 말밖에 모른다
잔디 깎기는 잔디가 뭔지도 모른다

자해

사과를 층층이 쌓아두니 싯물났다
서로 부대껴 생긴 불평 덩어리라 생각했다
아니 아니었다, 과일들은
누가 먼저랄 것도 없이 상대를 생각해서
맞닿은 부위를 곰팡이에게 먹였다
저로 인해 상대에게 고통을 주지 않기 위해
스스로 살을 내어주는 배려였다
멀쩡하던 과일도 그런 상처 끌어안게 되면
서서히 뭉그러지기 시작했다
차마 어려운 공유다
마음이 아파 생살 짓무르는 묵언수행
참 그리운 소통이다
씨앗이 저도 모르게 체득하는 본보기이다
상처받았을 때 받는 사과도
상처 주었을 때 건네는 사과도
건성으로 주고받으면 실례다
세상 모든 사과에는 저 비의가 배어 있음이다

2부

노루궁뎅이 버섯

나무에 붙은 궁뎅이를 본다
배설이 급해서 궁뎅이만 내밀었구나
그렇게 생각했다
나무 속이 궁금해서 들어갔다 그만
나무가 된 노루
눈이 노루로 보는 순간 나무가 사라졌다
한껏 자라난 뿔은
뿌리를 뽑지 못해 버둥거린다
치부를 드러내고도
부끄러운 기색이 없다
하얗게 털갈이하고
눈동자에서 멀어져 가는 노루 구름 따라
달려가고 싶은 몸
궁뎅이를 떼어내도 모른다
무언가에 몰입하는
열정적인 모습 앞에서 궁뎅이를 들고
냄새를 맡아보는 약초꾼
구린 곳이 향기로운 보물은 이것뿐이란다

관계에 대한 묵상

쇳물은 맹물이 닿으면 필쩍펄쩍 뛴다
싫다는 몸부림이다 단속이 해법이다

칼을 겨누던 말과
불을 지피던 말이
서로 껴안고 울 때
꽃은 핀다

눈물은 마음속 바다가 폭풍으로 흘러넘치는 잉여다
억지로 뽑아내는 양수기는 다 연극이다

새봄, 모든 것을 새로 본다는 새봄
공간이 공간을 열고 들어간다
잎들은 이 공명의 발화라고 감히 발성한다

마찰이 있어야 모난 곳도 뭉그러지므로
외눈박이 태풍이 돌진한다
들쭉날쭉했던 열 균형이 온순해진다
〈

적당한 거리는 태양이 가르친다
데워도 보고
얼려도 보고
잠시 식혀도 본다
이 모든 일은 무한궤도를 유지하는 간격이다
우리는 그 은유를 매일 지나친다

인류가 아무리 용천을 해도
모든 뿌리와 잎맥은 강줄기를 닮는다

비상구

진열징에 즐비한 수류가 사실은 공청 석유라는 사실
저들은 짧은 해방구로 마실 것 같지만
절망을 조금 뒤로 밀어놓을 자구책이겠지만
나는 이 비밀을 세외 고인의 전음을 통해 들었다

언제든지 쉽게 구할 수 있는 영약이지만
도수에 맞는 오묘한 심법이나 내공이 없으면 도리어 화를 부른다
광장에 널브러져 신음하는 자들이 그 증좌다

노숙인이라면 누구나 마음에 구축된 미로에서 비급을 찾아야 한다
어디에 있는지도 모르며 무작정 눈을 감아본다
미로 자체가 처음부터 없었는지도 모르지만 한때는 절정 고수
주화입마에 빠져 그 필요성을 절실히 느낀 자들

무념무상 깊은 고뇌로 악몽을 퇴치 중이다
나무 그늘에 매트를 깔고 누워

고뇌로 창안한 비전 절기를 사제에게 전수할 때는 비장하다
초상비를 구술하지만 공력이 회복될 기미는 없다

장문인은 좀체 용안을 볼 수가 없다
수많은 방파가 소멸하고 유일하게 명맥을 이어오는 방파
전국에 그 문하생들이 부지기수다
경공 회복을 향해 운공 조식하는 문도들은 지금
한 방울이라도 얻기 위해 비술을 전개한다

세상에 기타가

금지된 노랫가락//사시 거리낌 없던 둥근 입
방치된 지 얼마인가 아! 벌리고
종내 다물지 못하는 망연자실이 굳어간다
하루살이가 나포되어 파닥여도 모른다

버려진 음률의 보고를 거미가 독식 중이다
로망스를 사로잡던 입술에
끈끈한 금줄 치고 고요한 음표를 앉힌다
날개는 가끔 떨며 회상에 들었다

퇴물까지 오는 길은 멀고도 지리멸렬하였으나
기세등등했다 기타 등등으로
클래식 연주법이 재즈를 회피하고 히피 히피
부르짖다 성대가 망가졌다
팽팽하던 줄마저 허투루 끊어지고 세상에
지키고 싶던 자존마저 잃었다

다섯 줄 현 대신 방사형 목숨 줄이 탄주 되고
울림통에는 더는 증폭되지 않는 벌레가 말라가고 있다

허벅지가 위안이었던 옆구리가 허전하다

귀 사로잡을 음은 평생 짓눌려 온 과제였다
이외의 것이 된다는 낙심
감당하지 못할 치욕이지만 이제 진짜 기타가 된 기타
꿈에서도 갈구하던 이상 세계로 가고 있다

꿈을 맛있게 먹는 새우잠

고치 속에서 얼어붙은 한뎃잠
햇살이 어둠을 벗겨내고 해동하는 동안
장엄한 침묵이 흐른다
비닐 한 장으로 혹한을 견디다 끝내
잠에 사로잡혀 검시를 받는 누에
가두리 양식장을 태풍이 쓸어가고 노모가 아끼던
밭뙈기 갈아엎을 때만 해도 꿈은 고소했단다
상자에 모로 누인 몸에서 굽었던 피로가 펴지고
그 구부림 속에서 자라던 꿈의 모종
이제는 이부자리 걷고 불꽃을 피울 때다
노천이면 어떠랴 마음 다잡아도
따가운 눈총 한 번에 산산이 부서졌을 자존감
부둥켜안고 찬바람을 힘 모아 막아내던
깡통 촛대를 가슴에 올려주다 밀물지는 눈물
참을 수 없어 함께 터트리는 핏줄들
풍랑과 바람에 얼룩진 몸 어루만지다 볼을 비빈다
폐 꿈들이 무럭무럭 각성하는 화염
불로 연단한 **뼈다귀**가 절구통에 담긴다
〈

절굿공이가 꿈 껍질을 공으로 되돌리는 동안
액자 속에서 희미하게 짓는 미소는
새우잠일수록 꿈은 더 맛있었다는 암시인가

입양

버거운 짐 진 지게꾼처럼 서서
생은 어느 지점쯤에서 가벼워질 수 있는지
가늠하며 가지를 저울질하는 나무
가벼이 스쳐 가는 바람에도 우수수 잎을 부린다
버려야 할 애착 무겁게 부여잡고
찬찬히 물감을 칠하는 동안 이것이
무슨 미련한 짓일까 생각하다
제 몸의 피톨을 뽑아 초롱초롱한 눈망울에
마지막으로 뿌려주는 눈물이라 위안한다
영문을 모르는 아이는 장난감 만지작거리며
사탕 물고 달뜨는 푸른 보육원
알 수 없는 길 위에서 두리번거릴 때마다
문득문득 떠오를 뒤뜰 풍경
그 속에서 애타게 그려볼 얼굴들과 재잘거린다
푸른 눈을 가진 마더와 파더 손잡고
비행기에서 내리는 순간 터트릴 울음소리
가득 들어찬 입술과 가지런한 이
이젠 잊자 잊어 하면서도 잊어버리지 못해
잎을 노랗게 다듬고 조몰락거리다
전율하는 나무에 아이의 그림자가 기우뚱 휜다

봄비 뿌리며

바람은 긴 회초리로 허공을 쳤다
마지막 떨어진 잎사귀 위로 폭설이 내렸다
끝이구나 생각했을 때
가지들은
은밀히 상처를 긁고 있었는가
이윽고 피가 나고
아무도 손 쓸 수 없는 지경에 이르러
고름이요 피투성이다

해마다 혀를 갈아치우는 뿌리들아
네 말을 못 알아들어 미안하다
쪼그려 민들레 잎을 닦아주고 있을 때
뿌리째 뽑아내는 사람들
고름도 약이 된다는 걸 알고 다시 보니
봉오리에 맺힌 고름은
흙을 뚫고 나와 가까스로 내뱉는 안도의 한숨

왜 저들은 모른 체할까
돌아앉아 나는 조용히 비를 뿌렸다

미필적 고의
− 99개 지정 전문병원 외에는 신체 특정 부위를 간판에 쓰지 못하자 지정받지 못한 병원은 항문을 학문으로 만들어버렸다

학문병원이라는 간판이 의아하다
학문도 병에 걸리나?
학문을 고치는 병원이라니 참!
통쾌한 병원이다

항문肛門이란
달처럼 일하는 문이란 뜻이다
달은 끊임없이 배설하지만 항문은 닫히지 않는 최후가 있다
항문은 기능적이고 학문은 문법적이다
학문도 결국 찌꺼기를 배설하는 행위가 아닌가
항문이 학문이 되는 일은 손이 한 일
학문이 항문이 되는 일은 입이 한 일
학문이라 써도 항문肛門

법法이란
힘없는 자에게는 철퇴를 힘 있는 자에게는 후퇴를

일삼는다
　죄인도 왕족과 천민으로 분류하고
　교도소 하루 일당 5만 원부터 5억까지 일만 배 차이를 만드는
　괴팍한 법도 법法

　편법便法이란
　모사꾼이 진흙으로 빚는다
　돼지는 진흙탕을 좋아한다, 고로
　편법도 돼지

　진짜 더러운 곳은 똥구멍이 아니라 입이다
　학문이라 써도 항문으로 읽을 수밖에 없어서 간판만 무죄다
　항문을 학문으로 품격도 높이고 사고도 깊게 이끌었으므로 필연적 무죄다
　탕탕탕

비의 침술

벼락 치는 일갈에 소스라치는 창문
잡생각은 무장무장 돋아나고
아스팔트를 배회하며 울고 다니는 바람 스산하다
가물가물거리는 먼 불빛은
막힐 듯 말 듯한 절박한 숨구멍 같고
빗발은 수없이 꽂히는 은침 같다
빌딩 입구에 발이 묶여 태우는 젖은 담배는
생의 구두점 중 몇 안 되는 쉼표다
초침 소리가 초초하게 닦달하는 거래 결과
육감으로 짚어보는 희망마다
실핏줄처럼 얽혀 있던 인맥에 목이 말랐다
모든 원류를 사골 끓이듯
우려 마시던 연줄이 맥없이 끊어지고 나니
여지없이 구겨져 버린 계약서
뒤틀리는 기혈 그 막힌 혈에 일침을 놓으며
하루살이보다 못한 생업이지만
끝끝내 멈출 수 없는 노정 아니냐며
지상을 시침하는 빗발들
대침 자리 빼곡히 부항까지 뜨고 있다

옥상에는 뭉게구름

불안했다
집게 없는 빨래가
하릴없이 불어대는 바람에
날아간다 자유롭게 아니 허허롭게
매달린다는 악착이
내 힘만으로 되는 것이 아님을 다 늦게 안다
마음 둘 곳 없을 때 자라는 불안은
치유가 안 되는 암 덩어리가 되어 잠도 빨아먹었다
뭉게뭉게 억눌리다
비켜 비켜 치고 올라오는 무리 앞에서
더 물러설 곳 없는 옥상
이빨 앙다물고 의자와 책상 사이를 조였다가
이불만 반가운 집으로
들락거린 지가 얼마나 되었나
듬성듬성해진 머리카락
몸에서 빠져나가는 것이 수치만은 아니었다
버려야 한다는 도가 저절로 트이는
여기는 언제나 햇볕이 필요한 자들만 부르는가
날아가는 빨래 따라 발걸음을 떼는
구름씨

너덜경

건들기리는 돌
중심을 밟지 않으면 중심을 잃는다네
덜컹 소리 죽여 밟으면
소원이 이루어진다는 구전이 깔린 길
마음속으로 기도하며
한 발씩 내딛고 소원을 빌어보라네
절절하면 이루어진다는
진리가 돌길에 숨어 속도를 가르친다
서두르다 비꼬여버린 일도
기도 앞에서는 슬며시 뒤돌아보며
그 심통을 바꾼다고
진자가 시간을 잘게 베어 먹듯
흔들리는 턴테이블 위에서
레코드 바늘이 울퉁불퉁한 길을 읽듯
발에 촉각을 몰아넣고
일 초를 억만 겁이라 마음먹어보라
너덜경은 가르친다

빈집

사람이 주인이라는 생각은 관념이다

달팽이가 화단을 키운다

곰팡이가 제국을 창궐한다

인간이 주인이라는 생각은 더더욱 관념이다

지렁이가 착암기를 꽂는다

미생물 해체 반원들이 해머 메고 몰려온다

족쇄 풀어주고 원시로 돌려보낸다

탈관념까지 지워진다

집이 보이지 않는다

샴

　친구여 요즘 들어 머릿속이 더욱 덜그럭거린다 동굴을 파고 기억을 사냥하던 망각이란 괴물 이제는 엔도르핀까지 독식한다 불꽃 환희가 발길을 끊고부터 생각이란 놈이 생각도 없이 벽을 치며 발광이다

　친구여 편하기 위해 맡긴 기억은 이제 이동식이란 형이 관리한다 손가락 화법으로 물어보지 않으면 약속조차 없다 어느덧 소유권까지 잃었다 편리가 불편으로 변해 막막하다 친구여 뭇별에 손전등으로 우리 기별을 보낸 적이 있었지 그 빛이 달려가다 절대온도에서 얼어버리진 않았을까 만약 돌아온다면 우리도 예전으로 돌아갈 수 있을까 친구여 이동식은 외장형이다 소식마저 끊긴 외사촌 형을 떠올리게 한다 친구여 의존할수록 의지가 사라지고 심장은 덜컹거린다 비밀번호를 발설하고도 불안한 기색조차 없는 무정한 형 0과 1밖에 모르는 자폐증으로 내 기억을 모조리 긁어가기에 여념이 없다

　친구여 이제 분연히 떨쳐버리고 나를 살려야겠다

내버려 두면 어딘가로 감쪽같이 이동될지도 모르겠다 머리가 장식품이 된다면 슬플 시간도 없겠지 친구여 치매가 인도하는 치욕에 들기 전에 반드시 자아를 되찾을 걸세 낯선 간병인이 달라붙기 전에 말일세 게으름이 온몸에 들러붙어 진득거리는 생은 지겹네! 나는 이제 다나킬 모래바람을 뚫고 잃어버린 낙타를 찾아 헤매는 카라반이라네

오마주

내 이름은 작업 천후표
나긋한 손이 건네주는 태양을 들고 있으면
참말로 해가 뜰 때가 많았다
노무자들은 그녀를 오마주라 불렀다
농민은 비만 노무자는 해만
서로들 머릿속에 꽉 들어찼다

그녀는 수시로 구름을 만지작거리다
저도 모르게 내게 건네줬다
그러다 쫓겨나 농사일 도우러 떠난다 했다
구름을 인용하다
미친년이 인용되어 울먹였다
천변 물길 따라 동경하던 구름 따라
두둥실 떠나버린 오 마이 갓
결국 비와 그늘 따라 갔다는 풍문

놀고 있는 태양 구름 눈 우산이
상자 탑으로 쌓여 있다
내가 구름을 들면 마주 보는 이마에 구름이 복사됐다

해를 들면 나를 보는 얼굴들이 빛났다
우산을 들면 주먹부터 날리는 허풍선이 왔다 가면
몸보다 아팠다 마음이
오 마이 갓
또 누군가 우산 박스를 뒤적이고 있다
가슴이 조마조마하다

이별의 방식

바짓가랑이 붙들고 질질 끌리는 여자
절대 이 손 놓으면 안 된다고
버거운 짐에 끌리며 언덕을 오르는 중인가
막아선 고비를 넘고 싶은 갈구인가
붙들고 떼어내고 도망가고 쫓아가는 남녀
천연기념물이라 불러도 좋을 몸짓이다
싸움과 사랑은 서로 붙드는데
생각이 다를 뿐이다
붙들어야 무슨 일이라도 일어날 텐데
가족은 서로가 짐이라고?
짐이 되어 서로 무거워진다네
심사숙고 끝에 미리 멀어진다네
요즘 사랑 방식이 저런 건가
혼밥 혼행 홀로 얽매이지 않게 외로이
후대를 위하는 일과 결별하고
오직 나만의 위대한 생으로 욜로 졸로 가는 건가

3부

틈새

 의자가 새 울음으로 운다 몸무게를 오래 떠받쳐온 투정인지 한번 울기 시작하면 달랠 도리가 없다 짜증스러워진 관계엔 기름이 제격이었다 하다못해 물기름이라도 먹여야 하고 내버려 두면 신경 줄기를 갉았다 날개도 없고 부리도 없는 이 새는 한번 둥지를 틀면 틈마다 새끼를 까 놓는구나 생각했는데 아니었다 울음은 허공이 제 몸을 회복하려는 결기였다 모든 존재가 허공에는 틈이었으므로 저를 찢고 솟아났다 사라지는 동통이었으므로 결국 울 수밖에 없는 의자였다 틈으로 태어나 허공을 빌어 사는 나였다 허공을 비집고 틈으로 단단히 설 때는 이 새가 깃들지 않지만 노화가 몸 사이를 비집고 터를 잡는 찰나에 어김없이 둥지를 튼다 벌어진 사이에 악착같이 파고들어 지울 때를 알린다 제 몸에 난 틈을 메우려고 삐삐 삐걱 쉬지 않고 운다

상심한 말들의 귀로

함부로 설치는 말은 가장 지녕석인 독이다
유리창 깨고 자해하는 야생마가 출현하는 요인은
끝내 참지 못한 말이 화근일 때가 많다
몸 구석구석 독 퍼뜨리고 소요하는 말들도
한때는 혁혁한 언어로 책을 만들고
헌책방이 호황을 누리던 슬픈 자랑거리를 품고 있다
귀를 정거장이거나 잠시 머무는 행로이거나
최종 거주지라 이름 붙인다면 이빨은 울타리다
야성을 깨우거나 혹은 잠재우는 말은 모두
혀와 입술이 양육하는데
귀로를 나서는 말발굽 손질이나 물 먹이기
야생마 천리마에게 걸맞은 계절을 실어주기도 한다
가슴 짓밟고 머리 들쑤시는 미친 말에게
참다못해 풀어놓는 대항마는 특히 독성이 강하다
말은 품종에 따라 천리향이 나기도 하고
쓸쓸한 눈빛이 갈무리되거나 눈보라를 일으키는가 하면
폭우 속에서도 꺼지지 않는 불덩이를 품기도 한다
고수는 말발굽 소리가 화해인지 전투인지 금방 안다

얼음으로 조각한 말을 열불이라야 녹일 수 있다면
그는 진정한 고수가 아니다 순한 말이 눈을 끔벅이며
서로의 벽을 허물던 시절은 언제 다시 오려나
맘이 상한 입들은 먼저 기형이 된 말부터 풀어놓는다
손가락이 모든 대화를 대신하는 요즘
액정이나 모니터 또는 컴컴한 방 홀로 갇힌 귀에게
중력은 끊임없이 사랑해 널 사랑해 유혹한다

침

침 이상하게도 악성이 있있는지
뾰루지나 곪으려는 상처가 침을 바르면 삭았다
침 뱉어주고 싶은 얼굴도 아마
곪으려는 속을 치유해주고 싶은 화해로운 마음
나도 모르게 발동하는 연유겠다
발라줄 수 없으니 뱉을 수밖에 없는데
침 세례를 받고 눈 감는다면
아직 관계를 개선할 여지가 있는 자다
마음 깊은 혈 자리에 장침이 박히기 때문이다
우물을 닮아 한번 오염되면 되돌리기 어려운 마음
침으로 치욕과 비탄을 주었다면 분명코
경락이 제대로 소통된 효과다
잔뜩 찌그러져 달아오르는 얼굴은
피고름이 빠져나가며 돋아나는 회한이다

농부는 단단한 새끼줄을 위해 결연히 뱉고
곡괭이 자루와 결속을 다지며 호기로이 뱉는다
간혹 똥이 더러워서도 뱉지만 사실
침은 가르침이다

정곡을 찌른 침이 깊은 앙금 녹여내고
돌이켜 보는 시간을 움 틔우는 밑거름이다

죽겠네

죽겠네! 죽겠어
태풍에 쓰러진 벼를 묶어 세우다 허리 펴며 내뱉는다
추수하기도 전에 농사 망치게 생겼다며
천하지대본이 아니라 천하지 대망이란다
벼농사는 돈 안 된다
그러면서도 해마다 모심기에 바쁜 농가들
논밭에 근이 박혀 발 빼지도 못하고
힘들 때마다 자기 최면 삼아 내뱉는다
희한하게도 주술적인 효과가 있는지 몇 번 뱉고 나면 속 시원하단다
예수가 세상으로 현신하면 구원이 있다며
성경 속에 비유로 꼭꼭 감춰놓은 불로초 한번 캐보시죠
막걸리를 따르고 은근히 권유하는 목사에게
죽겠소! 하고 역정을 내뱉는데
예 주님은 언제나 깨어계십니다 하고 받아친다
죽겠다는 말을 나도 모르게 주 깼다는 뜻으로 내뱉는 주문은 아닌지
그래서 구원을 갈망하는 기도가 아닌지

어느 순간 죽겠다는 말이 주 깼다로 들렸다면
구원은 이미 손 내밀고 있다
주 깼네 주 깼어 복음처럼 노래하며
흙탕 뒤집어쓴 벼
허리 아픈 줄 모르고 한 다발씩 묶어 세우니
저 아니 전도사라 하지 않겠는가

미완성 원고

막판에서까지 퇴출당할까 봐 두려운데
자꾸 몸 웅크려지고 고개가 숙여지는 노구
점점 줄어드는 기력에
점점 늘어나는 불편도 감추지 못한다
눕는 건 잠깐 땅바닥이 되는 연습
그 틈에도 가슴을 파고 무언가 골라가는 자식들
피붙이라도 자꾸 밀치는 눈친데
땅은 뭐가 좋다고 몸을 끊임없이 끌어당길까
오래되면 무엇이든 골동품이 된다는데
사람은 오래되면 될수록 천대를 받아야 한다니
그 이유 하나 풀어내지 못하고
결국은 숨질을 그칠 수밖에 없단다
새의 무게만큼 휘어지는 나뭇가지
휘청거리는 간격이 새에 대한 미련이라면
몸 원고지엔 너무 많이 피력했단다
이제부터라도 조금씩 줄이라고 삭제되는 중이란다
모든 어버이가 다 대하소설이지만
출판 목록에 올리는 건 자손이 할 일
세상에서 작품으로 퇴고 되다

미완성작 하나 남기고 가는 그 마지막은
눈물을 거두어 가는 일이란다

가방 혹은 나방과 다방

한 번도 펼치지 않은 책들
혹시나 해서 담아 두면 망각 속으로 가 버렸디
어깨가 한쪽으로 기울고
담는 일이 부질없다 느껴질 때
섭섭히 가방까지 버렸다
근질거리는 날개를 시험하고 싶은 나방이었기에
몸속 어둠을 불태우려
빛나는 것들을 향해 무작정 돌진했던 몸
이젠 하릴없어 죽치다니
너덜너덜한 날개를 만지는 기분
완전한 굴욕이다
그래도 떳떳한 휴식처가 되어주는 탑골공원
길카페 다방 마담에게서 얻은
달콤한 말마디로 커피를 저어 홀짝거린다
왕년에 깃발 꽤나 날리던 몸들이
만년설을 이고 도착해서
다음 행선지를 기다리는 방
그래서 다방이란 이름이 붙었는지 모른다
간혹 가방을 자랑하거나
나방이 찔러준 담배를 나누는 다방

벌 받기

여왕벌이 장성하면
집 나와 첫 교미를 한다
수직으로 솟구쳐
제일 먼저 제 등을 점령하는
수컷에게 기회를 준다
튼튼한 날개야말로 풍성한 꿀이 되지
가장 힘센 어깻죽지 골라
후대를 설계하며 교미 끝내고
긴 여정을 위해 숨 고르기 할 때
재빨리 벌을 유인해
새 벌통으로 옮겨야 한다
꿀 바른 널빤지로
아주 천천히 벌쓰는 동안
가려워도 긁지 못한다
재채기하거나 조급하면
대번에 침을 쏜다
벌을 모으는 일은
제때 분가해주지 못해 벌 받는 일
달게 받는 벌이 꿀벌이고
벌 받아 얻는 수확이 벌꿀이다

그리운 대패

파도가 백사장을 깎는다
거스러미가 일어나는 궂은날에는
제 양쪽 귀를 번갈아 친다
대팻밥이 올곧게 나올 때까지
쉬지 않는 대패질
목수는 그 속에 번쩍이는 대팻날을 본다
넓은 백사장을 깎으며 조절하는
힘과 보폭에서 뼈저린 대 패배를 되짚는다
물새가 찍은 발자국도
단번에 깎아버리지 않는
흔적 되짚어보라고
먹이 찾을 때까지 조금씩 깎는 다듬질

어깨에 푸른 별빛을 걸치고
기둥 반듯하게 마루 반반하게 살려내던 목수

눈 밑 그늘
남모르게 깎아내는 비술을 쓸 땐
마음에 담아 눌렀던

물결이 대책 없이 눈가로 밀려 나왔다
단단하던 굴곡이 깎였다

수평선에서 길게 뻗어 내린 대팻밥
그 끝을 잡고 떨다
마음속 숨겨 온 대패를 더듬는다

홍콩 간 벽화가

 일어서면 무수한 별이 비틀거렸다 공중은 노랗게 돌다 천천히 멈췄다 정말 신나는 홍콩에 데려갔다 별이 빛나는 밤을 캔버스에 담고 고흐는 불안을 압생트에게 팔았다면 붓으로 벽을 단장했던 우리는 미나마타병에 청춘을 몽땅 바쳤다 그래서 위대한 노동을 위해 철거될 건물 옥상에서 바리케이드를 쳤다 스프레이 페인트로 투쟁 구호마저도 쓰기 버거운 우리 소우주들

  포위망이 점점 좁혀오고 막힌 비상구 앞에서
  색소폰이 음표를 쩔뚝이며 우는 밤
  간헐적으로 흐느끼는 소리에 숨죽였다
  이 지대는 십방이 적들이다
  경계선 넘어 수상한 소리를 검문하고
  전단지 뿌리고 목청을 찢어도
  가을은 카메라를 산으로 유혹했다 그러나 곧
  우리도 불타는 산이 되리라
  입을 앙다물고 휘발유 채운 병에 심지를 꽂았다
  핏줄에 링거 침을 꽂다 말고 숨어버린

의원들은 나이팅게일인 척 간호를 주창했다
아무리 기다려도 방송차는 안 보인다고
밥그릇마저 내동댕이치는 동료를 달래면서도
벽을 구르는 귀뚜라미 소리에도 전율했다
군홧발이 짓밟아오는 환청에 밤마다 시달렸다

뒤늦은 마이크는 들이대지 마라
법규에는 기적이 없으니 우리는 저항할 뿐이었다

바람 없는 부채

축사는 겨울역을 조심스레 지나고 있다
방역초소를 세운 역마다
흉흉한 소문까지 검역하고 있다
구제역에 당도하기 전에 만나야 하는 매화꽃
허리까지 폭설에 묻혀 눈도 뜨지 않는다
불어나는 이자 줄어드는 두수
사룟값이 치솟을수록 소는 주저앉고
혓바늘 돋은 가장도 제 소갈머릴 곱씹는다
날밤 지새운 새벽 어스름
오 촉 등이 힘겹게 밀고 있을 때
다급한 엔진 소리보다
소독약 냄새가 먼저 뒤통수를 쳤다
방역이 아닌 구제역이라니
거듭되는 실책이 부채까지 펼쳐 들고
기적도 없이 오다니
트럭 바퀴가 가슴을 가로지른다
빛이 빚으로 변절하고
끝도 안 보이는 터널 안으로
목줄에 매여 끌려가는 소
눈에서 가장이 툭 굴러떨어진다

콩 시루

바닥에서 부르는 물을 만나려
콩나물은 길게 늘어난다
흘러가는 물을 조금이라도 더 붙들고 싶어
몸통과 뿌리를 뻗어 내린다
발가락 끝에 매달린 마지막 물방울
떨어지는 소리에 줄기는 섬모를 전율하고
음표는 그때 완성된다

오만가지 염원이 스며든

오케스트라 한 통
검은 비닐봉지가 한 움큼씩 선곡해 간다
조율이 잘 되어 있을수록
실패한 악곡을 쉽게 편곡하는 법
관악 한 대접
타악 한 접시
뜨거운 음률로 다시 흥을 북돋운다

몸 바쳐 악기를 울린다

구공탄

종일 불씨 한 덩이 얻지 못해
탁자를 짚고 한참 흔들리던 사내
쭈그러진 양은 잔에 술 따르고
타오르는 난로를 눈 부릅뜨고 바라보다
가슴을 두어 번 치고 또 들이붓는다
불똥도 없는데 우째 타오르겠노 이 양반아
고함치는 순간 화력을 겨루던 탄들이
힐끔거리며 숨구멍을 조절하고 있을 때
탄이라면 시든 꽃잎이라도 달아야
냉가슴 한 번쯤은 끓여볼 거 아이가 토로하며
잔으로 탁자를 친다
불땀 조절도 소용없는 생 연탄 불꽃은
늘 바깥 화재에 만개하거나 시들었다
빚더미로 어쩔 수 없이 지핀 불은
세간까지 다 먹어 치우고도 입맛을 다셨다
불법 사채에 마냥 쫓기는 노상 연탄재
얼음판 위에 짓이겨지고
BMW 바퀴 떠받치다 흩어지는 혹한
밑불 한번 얻어 보겠다고

노점 단속을 피해 리어카 밀고 달리면서도
의지할 구석은 주전자 속 결백뿐이었다

일곱 왕관을 쓴 짐승의 유목

흑암이 깊으면 가라지도 잘 자란다
빛이 곧 나타날 전조임이 짙다
갈급한 얼굴이 창백한 낯빛이 되어도
장막 뒤에서는 부패가 만연하다
달궈진 무쇠 도장이 이마를 찍는 밤
짐승이 울부짖는 목책 안으로
목줄 잡아채고 쳐대는 채찍을 버티며
기적을 되새김질하는 종이 있다
용틀임하던 바닷물이 솟아오르고
모든 문장이 벌거벗은 책 속에는
함부로 처결치 못하는 폭설이 내렸다
바람이 날카로운 손톱으로
목책을 할퀴다 가고 그믐달이 기웃거렸다
좁은 문에는 머리 둘 달린 수문장
가죽 걸친 자를 큰길 끝 무저갱으로 몬다
우리를 벗어날 구멍은 이미 닫혔다
촛대는 양초 거머쥐고 밤을 번대며 떨었다
짐승 젖꼭지를 두고 서로 짓밟는 사이
발바닥에 귀로를 새긴 새가 고요히 깃든다

파도의 귀를 파면 청맹이 끌려 나오고
구름의 초경 때 꽃들이 일제히 고개 숙였다
강은 수많은 설문 끝에 말문이 닫히고
소소한 오해를 진지하게 이해하는 사이
귀도 조용히 닫힌다
야성과 인성이 표정을 바꾸는 주기가 점점 짧다

밤늦은 귀가를 연출할 때

급브레이크 비명이 적막에 밑줄 긋는 밤
먼 언덕에서 색소폰이 음계를 굴린다
오선지가 짚어주는 도돌이표를 이정표 삼고
오래 닦아온 귀 찾아 공허 울리며 가는데
외고집인 난청은 귓전의 화음도 들일 줄 몰랐다
몽골 초병은 온몸으로 십 리 밖 말발굽 소리도 듣는다는데
동굴에서 태어난 생물은 처음부터 귀를 모르고
귀가 된 온몸이 진동을 경계하는 장님 새우
작은 물이랑에도 튀는 저 소심을 닮아
울타리로 돌진하는 음표는 모조리 불살랐었다
창밖은 오늘도 솜 털며 봄 부르는데
포도당이 엉겨 붙은 핏줄에 침을 꽂은 플라스틱 나비
날개는 왜 달아놓았을까 비관하는 습성은
절망이 드리운 그물눈이 너무 촘촘한 탓이겠다

색소폰은 기다리는 내내 간헐적으로 흐느꼈다
날카로운 고음 조각이 가슴에 박혀 떨리는 동안에도
한사코 채우고 비우는 연습은 실패가 없다

뱃속에선 남의 밥이 울었다

티브이에서 억지로 짜내는 눈물 그 이면에는 언제나
담배 연기 뿜으며 잘라낸 엔지가 있다
명장면은 엔지가 없는 명장면을 애초에 모른다
명연출로 눈길 사로잡을 고민에 빠져
수첩에 항상 켜놓은 뒷등을 순간 포착은 교묘히 피
해 갔다

달빛이 비루먹은 개를 핥는 사이
버스가 오지 않는 정거장 팻말을 몇 번이나 쳐다본다
빈 손수레를 앞세워 서둘러 가는 사람
잘 차려진 밥상이 기다리는 집으로 종종걸음친다

울화

세상에서 가장 지독한 꽃이다
우랄 시베리아
그 극지에서도 보란 듯이 활짝 핀다

다 받아주는 바다도
이 꽃만 피었다 하면 발광 환장한다
자양분은 꼭 상대가 뿌려준다
받아주다가, 받아주다가 받아버리는 바다
후폭풍은 진짜 무섭다

일흔 번씩 일곱 번을 용서하라는 예수를 본받다가도
무료 급식을 나눠주던 손이 무기로 돌변한다

이 꽃이 피면
심장은 아무리 떨림을 반복 훈련해도 소용없다

홀씨는 늘 가까운 데서 정탐한다
조율이 안 되는 사이에 느닷없이 뿌리를 내린다

4부

틈

눈동자는 뒤에 북을 감추고 있다
닫힌 맘 두드릴 때
애절한 말보다 제일 먼저 이 북을 쳐야 한다
동공이 떨릴 때까지
잘 조율된 공간이 텅텅
걸어 나가 심장까지 요동치게 만드는 요체
요령도 없이 두들기다
뒤틀린 속내 한껏 풀어내지 못하면
울림은 저를 거두어주는 곳으로 발길을 돌린다

둘 사이 아무리 밀착시켜도
부푸는 틈
이 간극은 마음 타이르는 북이다
정성껏 두드리지 않으면 맥놀이도 돌아보지 않는
서로가 간절하지 않으면
서서히 절간으로 변해가는 요처
벌어지면 벌어질수록 더 큰 북채를 요구하게 된다
서로라는 틈은 틈틈이 두드려주지 않으면
어느새 실금이 창궐한다

빈틈없는 자세는 적의를 감출 때나 필요하다

몸부림이다

새는 발자국에 귀로를 새긴다
발 내디딜 때마다 고개 빼고 본다

그늘을 백만 평 경작해도 겨울엔 쓸모없다는 것을 알면서도
나무는 그늘 만드는 일을 쉬지 않는다
뿌리는 오직 씨앗만을 위해 해마다 달콤한 과육을 만든다

쓸모없는 잡풀이 양털이 될 때까지 양들은 부지런히 되새김질한다
양젖은 오직 새끼만을 위한 배려

숙련공이 되기 위해서는 반드시 반복되는 상처가 필요하다
그 상처가 백만 럭스보다 더 빛난다

맞으면서 어떤 심장이든 요동치게 하려면
북은 울음을 끝없이 되풀어 울어야 한다

〈
　달은 초인종이 다 누르고 누르면 뭔가 걸어 나온다
　그믐에서 보름까지 쉬지 않는다

　목줄에 버림받은 스피치는 불안에 친친 감겨 접근을 싫어한다
　그러나 끊임없이 손을 내밀면 결국 고개를 조아린다

　날마다 밥그릇을 비우기 위해 반찬 만드는 손은 경건하다
　그 이면에 치열한 투쟁의 역사가 있는 한

통증

허리 굽혔는데도 정수리를 쳤다
문틀이 우르릉거렸다
머리 감싸고 주저앉아 나도 윙윙거렸다
더 굽히지 못해
더욱 바짝 웅크리게 되는 극통
부딪친다는 참뜻은 그에 따르는 필연적 아픔에 대해
생각해보라는 윤슬이다
잠깐 멈추어 돌이켜보라는 항법이다
내가 문틀이었을지라도

어차피 부딪혔다면 어쩔 수 없는 고통
그 너머를 보자는 결의는 필수다

비명은 아직 멀었다고 스스로를 꾸짖는 자책이다
무던히 참으며 속으로 비명을 삼키는
의연한 모습을 보면 당목을 받아들인 범종 소리가 울린다
심장을 치며
뭇 가슴에 산란하는 공명이 인다

뿌리

과육을 씹으며 뿌리를 격려하는 동물은 없다
그래도 의연히 땅을 파 내려간다
끌어안을까 뚫어버릴까 스스로 판단하며
열매를 맺기 위해 혼신을 다한다
떨어진 과일에는 벌레들이 많이 모여들수록
빨리 발아할 수 있다고
그래야 단단히 뿌리내릴 수 있다고
달콤한 물관을 확장한다
달고 맛있다는 말을 듣기 위함이 아니라
오로지 씨앗을 위함이다
맛있다는 말 한마디가 따뜻한 자장을 만들고
씨앗을 태교한다는 사실을 아는 뿌리
스스로 먹이가 되어야 살아남는다는 이치를 가르친다
먹음직스러운 향과 색깔과 맛으로
퇴비를 얻어 자립하게끔 쉬지 않고 후려친다

세상 모든 뿌리는 강직한 채찍이다

암 암 암 백혈구

정거장 나서던 길이 실종되고
제설차마저도 꽁꽁 앓아누운 초봄
느닷없이 발병한 이상기후가
건너편에 입원한 가정에도 들이닥친 모양이다
백혈구 적설량이 문제였단다
적으면 집에서 잘 먹고 요양하면 되지만
많이 쌓이면 모든 자율을 동결한단다
어딘가 곪았으므로 입원 치료가 필요하다는 소견
뭐든 많으나 적으나 탈이 난다
저 집안의 독재자 호랑이는 폭설이라는데
그동안 피가 너무 잘 돌아
설마 했는데 염증반응이 나타났단다
이빨 빠진 도끼로 빗던 더벅머리는 숱이 다 빠졌다
이 암이 물러나면 저 암이 또 날아올까
허리에 찍힌 푸른 자국이 아직 욱신거린단다
눈 마주친 어떤 물건이라도
암이 되어 포탄처럼 쏘아댔단다
암을 딱 붙들고 있는 청룡이 링거에 꽂힌다
간호사가 여자를 흘끔 쳐다본다

암 암 암 안 쳐다보면 정상이 아니지
그런 눈빛으로 여잔 얼굴을 붉혔다

횡단보도에서

성경에서 깨가 닷 말 나왔다는 고백을 듣던 날
입에서는 달고 배에서는 쓰다 했는데 깨가 나왔다니
뭘 깨라는 암시인가 고소한가 중얼거리는데
깻잎 머리가 앞길 막아서서 도를 아십니까 묻는다
미도 알고 시도 안다 했다
너무 비판적이라 해서 화투판에 아군이 어딨소
비 안 팔면 바보지 농을 치다 건너야 하는데 신호 놓쳤다
뿌리쳐도 떨어지지 않는 거머리 입술이
좋은 말씀이 있다고 들어보라며 신경을 쪽쪽 빤 덕이다
하필 신호를 놓친 김에 말씀이 뭐냐 물으니
법당에 가면 알려준단다
시간 없다 하니 한 시간이면 천국으로 횡단할 수 있단다
이러다 어디로 횡단할지 모르겠다 싶어
나는 벌써 신천지에 있다
천국 팔며 청춘 썩히지 말고 신천지 먼저 가보자 하니

가자 가자 이단이다 이런다
이단이고 삼단이고 다 겪어보니 알겠더라
종교는 횡단보도 건너기 전이라는 거

스미다

구름이 긴 묵언을 벗어던진다
헌 경계 넘어 새 경계에 드는 은빛 소요
온갖 소리가 묘한 화음을 이루어낸다
주문이 되어 우울을 불러들이고
반지하 검은 곰팡이가 포자 퍼트린다
아문 상처가 소리에 덧나
신경줄기로 뿌리 뻗어 휘감는다
팔다리가 앙상해지도록
환영의 오묘에 끊임없이 몰입시킨다
잎으로 꽃으로 색 먼저 깨우더니
까맣게 잊었던 아픔마저 일으켜 세운다
받아들이지 못하는 항거의 정점인가
마구 끓어오르는 전조로 번개 치고 뇌성이 울린다
스며드는 것들에 냉혹했던 몸이여
제 힘껏 빗방울 받쳐 버티는 저 연잎의 투혼도
저를 때리는 물의 힘이 아니던가
유심히 바라보는 물빛에 눈이 아린다
어떤 경계에 멈춰 생각에 젖는 얼룩도 없이
스민다의 궁극은 나까지 지워내는 고통
지우는 일도 지우는 생각조차도 잊는 몰아

나무의 기억

종이가 물을 한번 품더니 부풀었다
희망을 품은 거다 물결무늬로
흠뻑 젖은 책
햇볕에 말리니 더 두꺼워졌다
압력에도 굴복하지 않고
영영 처음으로 돌아가지 않았다
경직된 물결들 있는 힘껏
서로 엉겨 붙었다
그리웠던 숨결을 품었으니
더 이상 잊지 않으려는 각오겠다
예상외로 깐깐하다
부드러웠던 성품이 묘연하다
각성하는 중이겠다 나무였던 숲을
그리겠다 새 멧돼지 사슴을
잊었던 모든 인연이 아롱거리겠다
동굴은 밖이 두렵고 밖은 동굴이 두렵듯
흠뻑 젖었던 성향은 쉽게 바꿀 수 없나 보다
한번 맛본 희열이
노름꾼 애인이 이랬다

돌층계에 대한 예의

계단은 단을 가르치고 계를 가르친다
사는 단계를 가르친다
무심코 밟는 돌이 발을 팽개쳐버린다면
위협을 감추고 있던 디딤돌이
한순간 꿈틀거리며 단과 계를 가르치려는 숨은 뜻이다
참 많이 무너지고 싶지만 참는 돌계단
수많은 봄을 담고 있어도
계절 따라 속이 눅눅해지기도 한다
무거운 돌덩이이므로 오래 지상에 버틴 이력으로
대책 없이 서두르는 발걸음을 가르친다
계단은 한 단씩 천천히 밟는 계다
층계마다 집 짓고 일하고 기거하다 가는 일상을
도처에 계단이 있어도 그저 무심했다
밟다가 비틀거리면 늦다
절대 꼼짝도 못 할 거라는 아집은 버려야 했다
세상은 다 계이고 단이다
까마득한 층층대 초입에 서서
막막한 느낌이 드는 이유를 짚어보면

한 단 한 단이 고비 아닌 단이 어디 있었던가
디딘다는 말은 떠받들어진다는 말
발바닥까지 새기며 딛는다

다육이

불 꺼진 등대가 되어
눈물 속 인파 속을 누비던 모정
영원으로 간 피붙이 찾아
물집이 터지도록 이름 부르고 헤매다
허망한 길에서 데려온 애착 식물
다육아 다육아 잘 살아야 해
봄볕을 섞어 분갈이한다
풀리지 않는 의문만 남겨두고
올가미에 목을 매단 아이
딱딱한 천장에 매몰차게 드리운
저승문에 머리 넣는 순간
안 된다 안 된다 수많은 손이 끄집어내려
죽을힘을 다했겠지만
적요히 뿌리쳐버린 올가미 두렵고
우울 우울한 순간들에 다육이 산다
어린 딸인 양 심어 애지중지
끌어안고 중얼중얼 육아를 복습한다
방울복랑은 어린 손가락 같고
철화는 앙증맞은 손톱을 닮아

쏟아붓는 애착은 잃지 않으려는 발버둥인가
아니다 잊으려는 몸부림이겠지

기억의 기하학

물거울이 품은 산은 더 푸르거나 붉었다
메마른 강 애타게 바라보아도
아무리 닦아봐도 거울이 나를 영영 몰라볼 때
슬픔은 더욱 사무쳤다 거실 거울도
전등의 촉수 핑계로 나를 편안하게 잊는다
한때 사랑도 저러했었다
뒤에서 수은을 벗겨내는 줄 모르고
닦고 닦던 손으로 이제는 눈을 닦고
안경알을 닦는다
만화경 속 꽃을 다듬던 가냘픈 손길은
처진 어깨 감싸던 만리향을 지우고
파랑새 따라 둥지까지 잊고 홍콩으로 갔다
기다림은 언제나 너무 길었다
갈 계절에도 버티는 철새는 사연이 절절했고
흰옷은 그냥 두어도 색이 변했다
과거를 추억하지 않았다 거울은
아무런 잔상도 남김없이 시무룩 털어냈다
유리가 수은 망토를 걸치고 풍경을 붙들고 있을 뿐
망토라는 가식을 벗겨보면
가슴은 텅 비어 있었다

올가미

호기심에 머리 넣지 마라
한번 옭아매면 절대 안 놓는다
장난으로도 하지 마라
버둥거리는 진동을 자양분 삼아
제 힘껏 근육을 조여버린다

짚단이 올가미가 되기 위해 먼저 꼬여야 하듯
배배 꼬여 새끼가 되고
매듭을 지어 대상을 포착하는 집단
집요한 올가미
악의를 감추고 웃고 있다

나를 옭아매야 독보적 위치에 서고
남을 옭아매면 독단적 사고에 갇히는 법인데
꼬지 않은 줄도 저 흉내를 내고
도처에서 아가리를 벌리고 잠복한다
거부할 수 없는 미끼를 던진다

통도사

통 도사가 없다는 사찰에서
찾는다고 버린다고 경계를 넘나드는
수행자의 결가부좌를 본다
그냥 보다 의미롭게
요사채 마루에 누운 파리채를 본다
두 손으로 싹싹 비는 파리를 사정없이 때려잡는
불자를 본다
해탈을 앞당겨주는 자비로운 행인가
환생을 돕는 긍휼의 마음 씀인가
미물은 미물로
부처는 부처로
각자 제 영역에서 부릅뜨는 눈을 본다
바람 불자 떨어지는 잎
풀피리 불자 잠시 멀어지는 근심
나를 깨우쳐야 만물을 깨우칠 수 있으리
깨자! 하는 찰나
박살 작살 아작이 불현듯 떠오른다
아하 통通도道사死
으깨져 버린 파리를 본다

아파트 불상
- 중국 충칭시 난안구에는 9미터 불상의 머리 부분에
아파트가 건립되어 있다

아파트가 불상의 머리가 되었으니
불상이 불쌍해졌다
몸이 머릴 버렸는지 머리가 몸을 버렸는지
서로를 잃고 세월마저 잊고
무에서 무를 건져 한 법문 더 깨치고자
골칫덩어리 하나 벗고 나니
냉큼 올라앉아 버린 아파트겠다
호실마다 색다른 번민이 꽉 꽉 들어찼겠다
층간소음은 두통보다 분하고 집요하여
잡념을 없앨 집념이 더 큰 잡념 덩이가 되어
가히 고해가 되도다
무념무상으로부터 더 멀어졌구나
해탈에서 환속이 웬 말인고
살펴 들어야 할 근심은 무궁무진하고
낡은 아파트는 이주 불사라니
성불은 이미 파괴되어 파계되는 부처인가
아니지 아니지 저 모습이 참 부처지

자미원

화목 난로는 연통 끝에 고드름 매달고
뱃속은 개울물 소리
달 없는 창문을 붙들고 울다 바람은 지친다
형광등 빛이 소리 없이 비추는 방구석
조각난 꿈이 쥐구멍에 박혀
하얗게 질려 있다
잠든 별들이 서로 부둥킨 잠 속에
신기한 호박 마차가 달려오고
은하에서 따온 무지개 사탕이 둥둥 떠다닌다
얼굴도 모르는 엄마
품에 안겨 사탕 먹고 싶어 어리광 부리는 아이
파장까지 기다리던 담뱃가게
귀퉁이는 뿔 달린 괴물이 되어 입을 쩍 벌리고 있다
엄마는 안 오고 막대사탕은 막대만 남았다
하마나 올까
고개를 빼던 길로 발을 내딛다
어딘지도 모를 설원에 서서
울다 깬다
꿈은 늘 공포스럽게 끝이 나고

너무 빨리 자립한 별들
어쩔 수 없이 헤쳐 나가야 할 우림 앞에 서서
엄마 부르며 또 운다

■□ 해설

인간의 고귀함에 대한 비창

윤의섭(시인)

　우리는 자주 어떤 중요한 것을 간과하였을 때 벌어지는 비극을 목도하거나 겪는다. '중요한 것'에는 원칙, 가치관 등이 포함되는데 이런 것들을 간과하게 하는 근본적인 원인 중 한 가지는 인간을 고귀하게 대하는 태도의 부재이다. 인간은 누구나 고귀하다는 말이 아니다. 현실적으로 고귀하지 못한 인간도 많기 때문이다. 인간을 고귀하게 대하는 것은 '인간이 고귀하다'라는 무비판적 당위성에 앞서 인간을 고귀하지 않게 대하는 비인간적 세태를 질타하는 데서 비롯한 성찰적 태도이다. 그것은 인간을 존중하고 귀히 여기며 격조 있게 대하는 태도이다. 우리가 그렇게

'대할' 때 우리는 함께 고귀해진다.

  '인간을 고귀하게 대하는 태도를 가진 자'의 눈에는 참으로 많은 것들이 보일 수밖에 없다. 인간의 고귀함에 반하는 현실 세계의 온갖 세태가 곳곳에서 발견된다. 간단히 지나쳐 버릴 일도 아니고, 남의 일일 수만도 없기 때문에 외면할 수가 없다. 인간을 고귀하게 대하는 자가 시인이라면 슬픔과 분노와 치유의 의지를 동시에 담은 비창을 읊지 않을 수 없을 것이다.

  장상관 시인의 이번 시집에 수록된 시편에는 인간을 고귀하게 대하지 않는 현실 세계에 대한 시인의 성찰이 저변 의식으로 편재되어 있다. 인간을 고귀하게 대하는 인간애는 시집을 읽어가면서 점점 분명하게 드러난다. 분노로, 울분으로, 자책으로, 교훈으로. 고투하는 시인의 태도가 선해진다.

> 절규와 기도로 네 이름 걸린 침상 옆에서
> 안전모와 함께 기적을 더듬었다
> 암울한 법치를 깨치고자 불타올랐던 몸뚱이
> 눈 부릅뜨고 기필코 일어나야 해
> 너는 몸 사르고 우리는 몸 사린다만

> 가슴 끓여준 불씨만큼은 꺼트리지 않겠다고
>
> 밀물지는 눈들은 석양빛을 감추었다
>
> 황톳빛 설편을 칭칭 감고 힘겹게 뒤척이며
>
> 흐린 창마다 오래 켜 두었던 등불
>
> 마지막 심지까지 태우다 푸르르 떨었다
>
> 껄껄껄 두드리는 의사봉이 신호였다
>
> 혹한이 몰려오고 언 강이 컹컹 울었다
>
> ―「붉나무」부분

    모든 법은 평등하고 정의롭게 적용되어야 한다. 그러나 현실은 그렇지 않은 경우가 많다. 어이없게도 "껄껄껄 두드리는 의사봉"으로 결정된 불공정한 판결로 고통을 견뎌야 하는 사람들이 생겨난다. 이러한 판결은 분명 어느 한쪽만을 편들기 위한 것이다. 그 한쪽이 배부르고 등 따스울수록 다른 한쪽은 "마지막 심지까지 태우다" 꺼져가는 "불씨"의 목숨이 되어간다. 누군가는 그렇게 대해져야 하고 누군가는 그렇게 대하지 않아도 된다는 편협한 태도는 고귀함의 반대어인 비천함으로 인간을 대하는 비인간적 처사에서 기인한다. 인간을 고귀하게 대할 줄 아는 시인은 "절규와 기도로" "너"가 살아나는 "기적" 바란다. "몸 사르고" 힘겨움에 처해 있는 "너"를 보며 "컹 컹" 운다. 공분하기 때문이다. 다른 시에서도 "희망 사항을 전기처럼/배달하지 못해 나도 속상하다"(「철탑은 안다」)라며 정의롭지 못한 현실을 함께 안타까워한다.

    인간을 고귀하게 대하는 대도는 자기 성찰에 의해 더욱 견고해진다. 자기 성찰은 자책에서 시작되기도 한다. "회한에 채찍을 후려치는 나는/한때 짐승이었다"(「간절한 너무나 간절한」)라며 방황하며 살았던 지난날을 후회하기도 하고 "기계는 신난다 아프다는 두 말밖에 모른다"(「기술자」), "의사당을 환하게 비춰줘서 미안하다"(「철탑은 안다」)라며 부조리에 대항하지 못하는 직장인의 자괴감을 드러내기도 한다. 자책한다는 것은 자신의 윤리성이 어느 방향으로 나아가야 하는지를 안다는 것이다. 자책 다음의 향방은 삶에 대한 고찰로 이어진다.

    오래되면 무엇이든 골동품이 된다는데
    사람은 오래되면 될수록 천대를 받아야 한다니
    그 이유 하나 풀어내지 못하고
    결국은 숨질을 그칠 수밖에 없단다
    (중략)

> 모든 어버이가 다 대하소설이지만
>
> 출판 목록에 올리는 건 자손이 할 일
>
> 세상에서 작품으로 퇴고 되다
>
> 미완성작 하나 남기고 가는 그 마지막은
>
> 눈물을 거두어 가는 일이란다
>
> — 「미완성 원고」 부분

"모든 어버이"인 우리가 늙어서 자식들에게조차 "천대"를 받는 이유는 끝내 알 수 없지만 시인이 죽음을 앞둔 삶에서 깨달은 것은 어떤 삶이든 완성작은 아니라는 것이다. 모두 "미완성작"으로 생을 마감한다는 것. "출판 목록에 올리는 건 자손이 할 일". 이 말은 결국 미완성을 완성시킬 여지가 아직 살아있는 자들에게 주어져 있다는 생각을 드러낸 것이다. 시인은 인간이 인간으로서 살아갈 수 있으려면 역시 인간이 있어야 한다는 의식을 보여준다. 물론 그러한 인간은 고귀한 인간이다.

> 사과를 층층이 쌓아두니 짓물렀다
>
> 서로 부대껴 생긴 불평 덩어리라 생각했다
>
> 아니 아니었다, 과일들은

누가 먼저랄 것도 없이 상대를 생각해서

맞닿은 부위를 곰팡이에게 먹였다

저로 인해 상대에게 고통을 주지 않기 위해

스스로 살을 내어주는 배려였다

멀쩡하던 과일도 그린 상처 끌어안게 되면

서서히 뭉그러지기 시작했다

차마 어려운 공유다

마음이 아파 생살 짓무르는 묵언수행

참 그리운 소통이다

씨앗이 저도 모르게 체득하는 본보기이다

상처받았을 때 받는 사과도

상처 주었을 때 건네는 사과도

건성으로 주고받으면 실례다

세상 모든 사과에는 저 비의가 배어 있음이다

─「자해」전문

   시인의 성찰적 시선이 단연 돋보이는 시다. 층층이 겹쳐 쌓아둔 사과는 맞닿은 부위가 짓무르기 마련이다. 얼핏 보면 "부대껴 생긴 불평"의 면모로 보일 수도 있다. 그러나 시인은 곧바로 "비의"를 깨닫는다. 그 '짓무름'은

"저로 인해 상대에게 고통을 주지 않기 위해/스스로 살을 내어주는 배려였다". 서로 '짓무름'은 "어려운 공유"이자 "그리운 소통"의 흔적이다. 아프고 고통스러워하는 인간에게 기대일 곁을 내어주는 인간은 밀쳐내지 않고 품어주는 인간이다. 품어주는 인간은 상대에게 다가가고 함께 괴로워하며 상대와 같은 감정을 느낀다. 짓무른 사과를 보며 시인은 인간계가 본받아야 할 "비의"를 깨닫고 있다.

일상 현실에서 고찰된 삶의 깨달음은 시집 곳곳에서 발견된다. 그것은 거창한 연구 활동을 통해 얻어진 것도 아니고 대단한 철학자한테 배우면서 알게 된 것도 아니다. 우리의 생활 가운데에서 벌어지는 소소한 일들을 통해 시인은 인간이 인간으로서 정립할 수 있는 혜안을 얻고 있는 것이다. 돌이 신발에 박혀 미끄러졌을 때 시인은 "마찰이 붙들어 줄 때까지/허리 굽히고 무게중심 잘 잡"(「마찰계수」)는 "요령"을 터득한다. 작고 사소한 것을 무시했을 때 얻게 된 교훈으로 시인은 "오기를 누르고" 겸손한 인간이 된다. 시「관계에 대한 묵상」에서는 "인류가 아무리 용천을 해도/모든 뿌리와 잎맥은 강줄기를 닮는다"면서 상호보완 관계의 핵심을 설파하기도 한다. "서로 껴안고 울 때/꽃은 피는" 공동체로서의 인간관계를 새삼 깨닫는 것이다.

>계단은 한 단씩 천천히 밟는 계다
>충계마다 집 짓고 일하고 기거하다 가는 일상을
>도처에 계단이 있어도 그지 무심했다
>밟다가 비틀거리면 늦다
>절대 꼼짝도 못 할 거라는 아집은 버려야 했다
>세상은 다 계이고 단이다
>까마득한 층층대 초입에 서서
>막막한 느낌이 드는 이유를 짚어보면
>한 단 한 단이 고비 아닌 단이 어디 있었던가
>디딘다는 말은 떠받들어진다는 말
>발바닥까지 새기며 딛는다
>   -「돌층계에 대한 예의」 부분

 일상은 평범함의 반복으로 이어지지만 일상이 일상으로 굳어진 것은 그럴 만한 이유가 있는 것이다. 일상이 있기에 우리는 매일 매일을 안온하게 산다. 어쩌면 일상은 삶의 진리가 결집된 결과일 수도 있다. "계단"을 오르는 것도 "무심"한 일상의 한 면모이다. 그러나 "계단"을 오르는

일상은 "한 단 한 단" 딛고 올라가야 목표점에 이를 수 있다는 진리를 담고 있다. 시인은 계단을 '단계'로 파악한다. "세상은 다 계이고 단이다". 그렇게 세상은 한 단계씩 딛고 올라서야 살아낼 수 있는 것이다. 더 나아가 시인은 "디딘다는 말은 떠받들어진다"라는 진리를 간파한다. 어느새 계단은 계단을 오르는 자를 떠받들고 있는 것이다. 무엇에게, 또는 누군가에게 떠받들어지고 싶으면 우선은 딛고 올라서야 한다. 이 지점에서 인간이 인간으로서 고귀하게 세상을 나아가고 싶다면 먼저 고귀한 행위를 시작해야 한다는 생각을 다시 하게 된다.

장상관 시인의 이번 시집은 인간주의가 저류를 이루고 있다. 인간을 고귀하게 대하는 시인의 태도는 다양한 시의식을 드러내게 하는 동력이다. 인간에 대한 사랑과 존중 없이는 불의에 공분할 수 없고, 부조리를 바로잡지 못하는 자신을 책망하지도 못한다. 삶에 대한 진심 어린 성찰과 깨달음 역시 인간 중심적인 안목이 선재해야 이루어진다. 시집에서 시인의 목소리는 "부패는 절규"(「부패 효과」)라며 거친 분노로 울리기도 하고, "세상 모든 뿌리는 강직한 채찍"(「뿌리」)이라며 호통을 치기도 한다. 이렇게 때때로 "울화"(「울화」)를 터트리며 험악해 보이기도 하지만 그

것은 인간을 고귀하게 대할 줄 아는 시인의 가슴이 뜨겁고 부드러워야 가능한 것이다. 그러한 깊고 아늑한 심성은 시를 입고 치유의 노래가 된다. 장상관 시인은 처음부터 끝까지 '시'인 인간이다. 시인의 시가 「미필적 고의」나 「침」 같은 시처럼 유머러스하고 풍자직인 경우에도 슬프고 서러운 '비창'으로 들리는 것은 시인의 저 내면에 세상의 아픔과 고통을 어루만지고 같이 괴로워하는 인간애가 자리 잡고 있어, 그것을 시로 끌어내려는 시인의 시심이 다만 안쓰럽고 애틋해 보여서, 왜 그런지 알 것 같아서이지 않을까.

난개발이 죽였던 열대우림이 되살아났다
그것도 사람이 아니라 오렌지가
오랜 지혜가 담긴
몇만 톤의 껍데기가 16여 년 만에 기적을 만들었다

사람 손으로는 자연을 빚지도 못하지만
자연을 살리는 일은 더욱 엄두조차 못 낼 일
어떤 노동이 민둥산에 열대우림과 새를 불러들이겠는가
오랜 노고와 수만 년간 물려받은 숲속 유전자만이 가

능하다

　　삽이나 곡괭이보다 부드럽고 강력한 친화력으로
　　화마에 놀란 흙 달래는 기술을 부렸겠다
　　쓸모없는 껍데기가 무량한 기적을 만들 줄이야
　　자연 속 물성은 저렇듯 버릴 구석이 없다

　　알맹이 다 내주고 쭈그러진 몸들이 산으로 들어가는
계절
　　최저 임금이라도 좋다며 걸음마다 춤사위가 핀다
　　주름진 손이 흙살을 주무르고 화상을 지우기 시작한
초봄
　　인간 부주의가 불태운 산이 저 기적처럼 부활하겠다

　　　　　－「오렌지－코스타리카 한 열대우림이 난개발로
　　　　　황무지가 됐을 때 두 과학자가 오렌지 껍질로
　　　　　　　　　땅을 덮어주었다」 전문

　시인은 "인간 부주의가 불태운" "열대우림"을 "기적처럼 부활"시킨 "자연 속 물성"을 찬양한다. 시인은 자연의 기적에 기뻐한다. 시인이 기뻐하는 또 다른 이유는 "황무지"를 복원시킨 치유의 힘이 인간계에도 전파되리라는 희망을 보았기 때문일 것이다. 시인은 열대우림의 기적적 부활을 "화상을 지우기 시작한 초봄"의 생명력과 "최저 임금"에도 좋아하는 "춤사위"와 함께 겹쳐 본다. 시인이 내심 "부활"시키고 싶은 깃은 "인간주의"일 것이다. 시인의 육안은 자연을 향하고 있지만 심안은 우리의 '현실'과 '인간'을 바라보고 있다. 치유의 기쁨을 노래하는 시에서 슬픈 서러움이 느껴지는 것은 그것이 오독일지 몰라도 시인의 '한'이 오죽했을까, 하는 생각이 들어서이다.

    구름이 긴 묵언을 벗어던진다

    헌 경계 넘어 새 경계에 드는 은빛 소요

    온갖 소리가 묘한 화음을 이루어낸다

    주문이 되어 우울을 불러들이고

    반지하 검은 곰팡이가 포자 퍼트린다

    아문 상처가 소리에 덧나

    신경줄기로 뿌리 뻗어 휘감는다

    팔다리가 앙상해지도록

    환영의 오묘에 끊임없이 몰입시킨다

    잎으로 꽃으로 색 먼저 깨우더니

까맣게 잊었던 아픔마저 일으켜 세운다

받아들이지 못하는 항거의 정점인가

마구 끓어오르는 전조로 번개 치고 뇌성이 울린다

스며드는 것들에 냉혹했던 몸이여

제 힘껏 빗방울 받쳐 버티는 저 연잎의 투혼도

저를 때리는 물의 힘이 아니던가

유심히 바라보는 물빛에 눈이 아린다

어떤 경계에 멈춰 생각에 젖는 얼룩도 없이

스민다의 궁극은 나까지 지워내는 고통

지우는 일도 지우는 생각조차도 잊는 몰아

- 「스미다」 전문

   위 시에서는 시인 스스로가 고귀한 존재로 나아가는 장면을 드라마틱하게 보여주고 있다. 시에서는 음악도 들리고 촉감도 전해지는 가운데 절정과 고요의 대단원이 전개된다. 그러면서 "나"를 지우고 지우는 것조차 잊는 "몰아"의 지경에 이르며 시인은 세상과 하나가 된다. 이 아름다운 시를 탄생시킨 장상관 시인은 어떤 "아픔"에도, 어떤 "냉혹"에도, 인간을 비천하게 만드는 그 어떤 "힘"에도 스스로를 가두지 않고 지워버리며 시인으로서의 고귀한 "투혼"을 보여주고 있는 것이다.

장상관 시인의 이번 시집은 그의 첫 시집과는 또 다른 '결'을 보여주고 있다. 교훈적 성찰과 치유 의지가 담긴 시만이 아니라 「겨울 음반」, 「밤늦은 귀가를 연출할 때」, 또는 「콩시루」처럼 음익과 결부된 시적 은유가 돋보이는 시도 있고 「홍콩 간 벽화가」나 「침」처럼 풍자와 블랙유머로 무장한 시도 있다. 이처럼 매우 다채로운 시의 세계를 읽으면서 내내 떠나지 않는 생각은 이번 시집이 장상관 시인의 '정점'을 보여주고 있지 않나, 라는 것이다. 물론 이 '정점'은 다음 시집이 보여줄 '정점'을 염두에 둔다면 현재까지 그렇다는 것이다. 장상관 시인의 시가 보여줄 시 의식은 진행형이다. 인간을 인간으로 대할 줄 아는 자의 무량한 깊이가 그렇듯이. 화수분처럼 쏟아지는 시인의 인간애가 그렇듯이. 덧붙이자면 장상관 시인의 시에 대한 열정이 그렇듯이.